CARNETS D'ALSACE

Vive l'hiver !

Pour de Jean Philippe
de tout cœur

Huguette
[illegible]

Georges Ratkoff a déjà publié

Promenade dans Chartres, Texte de J.P. Deheuvels,
Éditions Jean Legué, Chartres, 1998
Alsace rêvée, Texte de Jocelyne Fritsch,
Éditions La Nuée Bleue, 1999
Contes de Noël d'ici, d'ailleurs et de toujours,
Texte de P. Deheuvels, Éditions La Cause, 2002
L'Alsace au cœur, Éditions Est-Libris, 2003

Huguette Dreikaus a publié à La Nuée Bleue

Le Monde d'Huguette, 1997
Huguette capitale de Noël, 1999
La Passion selon Huguette, 1999
L'Alsamanach des DNA, 2003, 2004, 2005

Maquette : Michel Renard

ISBN 978-2-7165-0724-0

CARNETS D'ALSACE

Vive l'hiver !

Par

GEORGES RATKOFF

L'imagier du bonheur alsacien

et

HUGUETTE DREIKAUS

Poèmes à lire à haute voix

LA NUÉE BLEUE

Bienvenue à Wintersdorf, le village de l'hiver !

au doux pays de l'hiver

viens ! suis-moi dans mon univers
là où le ciel est bleu et la nuit bien claire
viens dans mon village blanc de neige
où les dieux de l'Alsace te protègent

pas de guerre, pas de haine sous mes cieux
les gens marchent dans la vie d'un pas joyeux
ils font de la luge et d'autres jeux de glisse
ils sont simples, braves et sans malice

pas de prédateur, pas même un chasseur à l'horizon
les femmes ne rêvent ni d'hermine ni de vison
les vaches paissent dans un petit carré de trèfles
de la folie des vaches elles connaissent des nèfles

les lampes donnent une lumière chaude et jaune
leur électricité ne vient pas de ces odieux pylônes
pas de câbles non plus qui barrent la beauté des sites
le progrès ici n'a aucun droit de visite

laisse ton portable, ta clope et ton jeans à l'entrée
chausse tes sabots, prends un lampion pour te repérer
oublie les voitures et le vrombissement des moteurs
jette ta montre... ici la seule heure c'est le bonheur

LETTRES
LETTRES

une fille bien d'ici

je m'appelle Jessica et je me fous de la mode
être une fille bien d'ici tel est mon code
pour moi pas de baskets ni de jeans délavés
je ne suis pas comme les autres dépravées

ma jupe est épaisse, ses plis sont larges et longs
ma coiffe est nouée sur mes beaux cheveux blonds
des cheveux en tresses 1,2,3 c'est la Trinité
mes nattes sont dédiées à la sainte Divinité

je n'ai ni mèche rebelle ni crinière de star
pas d'aiguille qui traverse ma langue de part en part
je veux que ma vie soit pour les autres un exemple
une vie sage dans des vêtements aux plis bien amples

sans dérives... pour moi pas de sorties en boîte
pas de danses folles au milieu de corps moites
je me promène dans les bois et je fais de la luge
pour mes actes on ne me défère pas devant le juge

je fais mes devoirs, je travaille, je chante et je glisse
ces choses-là ne mènent pas au poste de police
je fais la vaisselle et je cuis les œufs avec un sablier
ma féminité est soumise... comme le montre mon tablier

«Je veux que ma vie soit pour les autres un exemple
Une vie sage dans des vêtements aux plis bien amples»

de forêts, de bois et de ponts

bienvenue dans cette terre de forêts et de bois
là où la neige est reine et où l'arbre est roi
les sentiers sont blancs et doux sous vos pas
ici les pots d'échappement ne vous gazent pas
la boue des rues point ne vous éclaboussure
aucune crotte de chien ne souille vos chaussures

la voie est libre, pas de feu rouge, pas d'immondices
le sous-bois n'offre que des endroits propices
à la rêverie solitaire et aux longues méditations
lors de processions communautaires aux lampions

de temps en temps vous passerez un petit pont
petit pont de bois, petit pont en cailloux ronds
petit pont qui enjambe de minuscules rivières
vous croiserez aussi d'ex-ponts de chemin de fer

des ponts sans rails dessous, des ponts de l'inutile
dans nos forêts sans âge toute chose est futile
rien ne bouge, rien ne change, rien ne circule
tout est figé dans le temps... tout est beau... ou ridicule?

« Les sentiers sont blancs et doux sous vos pas
Ici les pots d'échappement ne vous gazent pas »

dans nos maisons de pierre

ma maison des bois est faite de pierres du hasard
pour le maçon de fortune la forêt est un bazar
mes aïeux y ont glané du calcaire ou du grès
des pierres que le temps a enlevées des rochers
des bouts de vie, de mort, de piété et de foi
mes pères les ont entassées sous le signe de croix
ils ont érigé ces masures comme des pyramides

il n'y a pas de canapé mou dans nos chaumières
pas plus de chaises que la famille ne compte de derrières
la beauté ici c'est le feu qui danse derrière le mica
des poêles où rôtissent des pommes, où grillent des noix

notre « mamema » ne connaît pas les tristes parloirs
des asiles pour vieux, des hospices et autres mouroirs
où s'étiolent de maigres corps aux âmes brûlées vives
par l'indifférence de ceux qui les ont envoyées à la dérive

on est loin de tout ce que prônent les nouveaux décalogues
ici nul besoin de catalogues, de psychologues, de sexologues
de gériatres, de psychiatres, de posters de filmo-bellâtres
ici la vie est une chanson loin de vos refrains saumâtres
nos mélodies ne parlent pas de bassesses, de stress et de fesses
nos airs ne luttent ni pour les phoques ni contre la graisse

nous c'est comme l'eau et comme l'oiseau qu'on gazouille
on chante pour vous plaire, pas pour vous casser les couilles
que nous importent les médisants, les moqueurs et les railleurs
dans nos maisons de pierre, nous vivons tout près mais nous sommes ailleurs

je m'appelle Kevin

je suis né dans la plaine du Rhin, je me nomme Kevin
c'est que maman voulait faire plaisir à sa copine
qui disait « il faut aller avec son temps et suivre la mode
s'appeler Hans ou Sepp ce n'est pas toujours commode
à l'école de la ville ils pourraient lui rigoler dessus
les enfants sont cruels avec les Sepp, les gros et les bossus »

je m'appelle Kevin, mon chapeau noir est pas une casquette
mon futal est pas stonewashed, mes godasses sont pas des baskets
ma veste est pas de cuir, j'passe pas ma vie sur une caisse
aucune selle de pétrolette porte l'empreinte de mes fesses
mon ADN je le laisse pas sur une BM encore moins sur une Suzuki
la vitesse qui me grise je la trouve au bout de mes bâtons de ski...

je m'appelle Kevin et je viens d'avoir mes seize ans
je me rase le menton et mon nez est devenu grand
père m'a dit « le nez grandit comme grandit le reste »
et à ces paroles sous la ceinture il fit un geste...

il est temps, je veux vivre une vraie vie d'homme
comme le pommier je veux porter de belles pommes
comme lui je vais fuir l'oïdium et autres monilioses...
aucune toxine ne me fera mourir de ses overdoses
je suis un chemin avec des herbes folles sur ses bords
à quoi me sert une vie de kéké si dedans je suis mort ?

ma forêt d'hiver

ma forêt a des arbres comme les piliers d'une cathédrale
ils s'élèvent vers Dieu pour sa gloire matinale et vespérale
la mousse de leur tronc nous dit la direction des vents
parfois ils se couchent et meurent sous le mauvais temps
ils gisent là secs et raides, mais sereins dans la mort
car ils savent que même sans vie ils serviront encore
à chauffer nos « stubs », notre « offe » et la cuisinière
où mijote notre soupe de haricots posée là depuis hier

ma forêt dans le froid a des arbres maigres aux longs bras nus
malingres comme ces mannequins frêles au corps si ténu
ces mannequins de résine sans jupe, sans robe, sans manteau
posés même chauves dans ces vitrines qui sont leur ghetto

dans ma forêt les enfants jouent entre les troncs hauts et gris
le sous-bois retentit de leurs rires, colères, sanglots et cris
ils grimpent sur les branches, se cachent derrière les fûts
ils comptent jusqu'à dix pour leurs potes postés à l'affût

ma forêt d'hiver n'a ni fruits, ni fleurs, ni frondaison
elle laisse beauté et abondance aux trois autres saisons
elle laisse la place au repos, aux rencontres et aux mots
ceux qu'on dit pour les autres ou pour soi en écho

ma forêt d'hiver n'attend pas des foules de visiteurs
nulle gargote ne veut vendre là son chevreuil « grand veneur »
ceux qui s'y promènent ma forêt de ses parfums les accueille
ce serait con de ne sentir le sapin que dans son cercueil

BETSCHDORF

ode à Snowman

l'idole de Wintersdorf ne vole pas comme Superman
ne venge pas les morts et les injustices comme Batman
ne jette pas ses filets sur le monde comme Spiderman
est nu sous son chapeau, mais je l'aime mon Snowman !

Snowman apparaît dans nos contrées dès les premiers flocons
il se dresse dans les rues, les jardins avec une carotte à la con
au milieu du visage ! le nez est un légume et les yeux des charbons
il faut être cool avec lui... si tu l'allumes, ne fût-ce qu'un peu, il fond !

Snowman n'est pas « fashion victim », il s'en fout de quoi on l'habille
tu peux lui mettre un smoking de soie ou d'antiques guenilles
il vit sa vie de neige... sans se soucier d'être trop rond des hanches
aucun cheveu gras, aucune dent pourrie ne lui cause de nuit blanche

Snowman sait que son temps se compte en minutes et en centigrades
il ne court pas après les honneurs et se moque de toutes les brimades
il reste stoïque dans le froid... sans bouger, à contempler les nuages
du moindre rayon de soleil sur son corps il craint les ravages

Snowman est l'ami parfait de ceux qui sont loin des us de village
ceux qui détestent qu'on prenne leur télé en otage
Snowman reste dehors, il se plaît dans votre monde de haine
lui ce qui le tuerait ce serait un coup de chaleur humaine

*« Snowman sait que son temps se compte en minutes et en centigrades
Il ne court pas après les honneurs et se moque de toutes les brimades »*

ou d'antan
La réparation des jouets est
Lettres
LEVÉE
marrons chauds 5F

CAVEAU
DU
VIGNERON

intra-muros

les petites villes n'ont pas surgi de terre comme les cités du désespoir
les maisons se sont construites le long de l'eau avec des fontaines et des lavoirs
l'humble manant y travaillait pour le pain, le lait, pour la gabelle et la dîme
qu'il devait livrer au château de la plaine ou à celui qui se dressait sur les cimes
au seigneur les serfs devaient leur labeur, leur sueur, et de leur pitance une large portion
mais dans les « Burg » derrière les douves ils pouvaient chercher refuge et protection
quand leurs masures sous les assauts ennemis subissaient les derniers outrages
les places fortes résistaient encore sous les flammes qui léchaient les colombages

les maisons se touchent et s'agglutinent le long des rues, des ruelles et des boulevards
elles se tiennent serrées pour avoir leur place dans les limites du rempart
« dazu gehören », être intégré, ce désir est avant tout une simple question de murs
quand sonne la cloche de dix heures il faut pouvoir rester dans ces lieux plus que sûrs
à l'abri des portes et des herses, sous l'œil vigilant des gardes qui font leurs rondes
les âmes s'apaisent quand les clés s'agitent dans les serrures de leur monde
la cité se referme sur les rupins, les ados, les vioques, les smicards et les tubards
les métèques quittent la cité, une banlieue les attend à deux heures d'autocar

« intra-muros » les gens du coin se salamalèquent ; on compatit ou on se congratule
on parle du temps, du train en grève, des varices de Germaine, du prix des tubercules
on se connaît, on se côtoie dans la boulangerie, l'église, le bistrot ou bien la fabrique
on sait tout sur tous... qui peint, qui glande, qui tricote, qui picole, qui pue le fric
on est de la même famille... qu'on soit PDG, ramoneur, nourrice ou bien sans turbin
on chante dans les mêmes chorales, on prie le même Dieu à travers Jésus, Luther ou Calvin
on crie contre les mêmes bruits, on danse sur les mêmes airs, on trinque avec le même Ricard
c'est une communauté, une harka, une fratrie, tous ces gens à l'ombre des mêmes remparts

cane diem

Fuchs est le chien roux qui remue la queue, qui court et qui gambade
il suit les écoliers, les choristes, les bouviers et les servants de messe
il est de tous les jeux, de toutes les fêtes, de toutes les promenades
sa gueule ne porte pas de muselière, il n'est entravé par aucune laisse

il n'a pas de pedigree ; son père n'a pas attendu de bon de saillie
pour couvrir une femelle, prendre son pied et s'assurer une descendance
Fuchs est un bâtard né d'un coït impulsif à l'ombre d'un taillis
c'est un croisement de croisement de croisement de moult semences

un modèle unique issu de milliers de milliers de milliers de gamètes
son poil est rouquin ; Fuchs est le nom que lui donne sa couleur
son frère s'appelle Nerro vu qu'il est noir de la queue jusqu'à la tête
Bianca la blanche, tel est le blase de son albinos de petite sœur

il y a des cabots en V comme Victoire ou en E comme Elvis
mais de ces simagrées chez les maîtres de Fuchs on s'en tape
ici on veut des chiens qui bouffent les restes de nouilles et de saucisses
de ceux qui, à la vue des mollets du facteur, salivent, écument et jappent

Fuchs le sait, il fait son job, il guette, il grogne, au besoin il mord
puis se jette sur la pitance de bric et de broc qui gît en bouillie dans sa jatte
il est heureux et libre, il court, il saute et on le caresse encore et encore
le sofa, le manteau, le panier en osier et les boites de César, il s'en gratte

même les petits chaussons isothermes ne lui font pas bouger l'appendice caudal
la neige est bonne sous les pattes, le froid ça ne lui fait vraiment que dalle
Fuchs est conscient d'être une bête, il vit avec bonheur sa vie d'animal
cueille le jour... c'est un idéal de vie, c'est pas une phrase à deux balles

« Ma forêt laisse la place au repos, aux rencontres et aux mots
Ceux qu'on dit pour les autres ou pour soi en écho »

Au Chrischtkindelsmärik, le marché de Noël

étalages de Noël

décembre ! un village de bois s'installe sur toutes les places
il pose ses maisons et voilà que des gens déboulent en masse
pour humer les odeurs de gratin, de cannelle et d'épices moulues
au milieu des boules, des bougies et des chants de l'armée du salut
ils se hâtent, se bousculent, le nez des uns collé dans le dos des autres
un enfant crie, il vous casse la tête ? normal, ce n'est pas le vôtre
dans cette cohue tu avances coincé entre bides et paires de fesses
c'est presque un péché de chair, il te faudra le dire à confesse !

c'est Prévert qui de ces étalages de kitsch aurait dû faire le listing
tu te marres à voir le Père Noël avec iPod, en tongs et en string
tu le reluques en mob, en jogging ou en DJ ; pauvre Santa Claus !
je l'ai même vu, tel une vulgaire Barbie, sapé tout de rose
il valse ou danse le slow, il se déhanche aussi sur des airs de hip-hop
faut voir les tignasses blondes et les tempes grises dans les échoppes
elles pressent le bouton de Papa Noël et voilà qu'il gesticule
n'y a-t-il aucune honte à couvrir ce symbole de ridicule ?

tous ces chalets blottis dans le froid sont de grandes pochettes-surprise
on y trouve des perles, du miel, des verres de sable bleu et des souris grises
des sorcières s'y balancent, des rois et des bergères y font le pantin
si tu tires sur les ficelles tu vois leur culotte de coton, de soie ou de satin
vas-y ! tire la ficelle ! la vie est si morne, il nous faut de bons fous rires
c'est de smacks, de glouglous que le Chrischtkindelsmärik doit retentir
la foi c'est pour la maison, pour les chapelles, les dômes et les églises
le salut du monde ne se mange ni dans les crêpes, ni dans les nègres en chemise

Bonne Année

carte postale

aujourd'hui ma maman m'a mis la jupe verte et le plus beau nœud
on va poser en famille pour un type qui fait des cartes de vœux
papa nous attend dans l'auto ; il porte gilet rouge et chapeau noir
la saison des vœux est pour nous, les Meyer, une heure de gloire

dans nos costumes d'antan on nous met sur des tonnes d'images
nos tronches au milieu de gui, de houx, de bergers et de rois mages
dans les rayons des milliers de gens se ruent sur toutes nos photos
pour souhaiter « Joyeuses Fêtes » à la tata de Gilles et au tonton de Toto

paraît que ça porte bonheur de voir ma mémé assise près de son brasero
pendant que mon frangin chaussé de patins de bois fait son numéro
« Bonne Année » ces mots en lettres dorées ondulent sur une carte postale
où maman, en Alsacienne à tresses blondes, brandit un fer à cheval

pour une carte « Joyeux Noël » papa est sommé de me pousser sur une luge
il obtempère, je fais sisitte, ce boulot ne nous tue pas, ce n'est pas le déluge
nous les Meyer en Chrischtkindel, en Hans Trapp ou en Nicolas on se grime
poser pour des vœux de bonheur, ma foi, dites-moi où serait le crime ?

on nous aime, on nous veut, on nous achète ! nous on prend l'oseille
à trop fouler la neige et sucer la glace, on a besoin de se payer le soleil

GERIE PATISSERIE

tralala

ré mi fa si la do
tralala place Domino
biniou, vielle et viole de gambe
allez hop on lève la jambe!

trompette, cor et clarinette
et la flûte pour Marinette
sax, pipeau, accordéon
la percu pour gros Léon

rondes, noires et pauses
Lili siffle la vie en rose
blanches, croches et partitions
René chante l'amour en perdition
en soupirs, syncopes et trilles
on voit son âme partir en vrille

fa si la mi ré do
c'est la fête place Domino
ré fa do la sol et si
c'est la musique des gens d'ici
fanfare, clique ou harmonie
font d'une vie une symphonie

« Dans ma forêt les enfants jouent entre les troncs hauts et gris
Le sous-bois retentit de leurs rires, colères, sanglots et cris »

30

rendez-moi à ma forêt

sapin je suis, sapin je reste
on abuse de moi, permettez que je peste !
je suis fait pour me tenir sur les flancs des Vosges
pas pour végéter sur une table au milieu du Limoges

ce sont les embruns et les essences de bois que je veux humer
alors cessez de me mettre le nez dans votre saumon fumé !
mes branches sont comme des bras ornés de vertes fanfreluches
arrêtez de les lester de babioles et de kitsch, bande de greluches !

toutes ces boules me mettent en boule
et pour les guirlandes je vous enguirlande
qu'avez-vous à chanter « mon beau sapin » et à me pomponner ?
je ne suis pas une des miss de madame de Fontenay

je suis là pour vous donner des doses de chlorophylle
et me voilà victime de quelques sombres noëlophiles
qui de surcroît me polluent la vie avec des ersatz de givre
bouffeurs de dindes, pleins de sucre, cyanosés et ivres

rendez-moi à ma forêt, je veux finir ma vie le cœur et l'esprit placides
ce n'est pas dans une cheminée que je dois mourir, c'est sous les pluies acides !

Restaurant
au
Fer Rouge
au vieux pignon

« Pas de guerre, pas de haine sous mes cieux
Les gens marchent dans la vie d'un pas joyeux »

Les poèmes d'Huguette Dreikaus